*Rosa Meer*

**Spaß am Lesen Verlag**
www.spassamlesenverlag.de

Der Spaß am Lesen Verlag gibt leicht lesbare Zeitungen, Bücher und informative Broschüren heraus. Mit diesen Ausgaben soll die Fähigkeit des Lesers zur Selbsthilfe gefördert werden.
Sämtliche Veröffentlichungen des Spaß am Lesen Verlags zeichnen sich durch eine leicht verständliche Sprache und eine sehr zugängliche Textgestaltung aus.

Autorin: Marion Döbert
Redaktion: Jürgen Genuneit, Annerose Genuneit
Satz und Gestaltung: Nicolet Oost Lievense
Cover Design: Jurian Wiese
Umschlagmotiv: Shutterstock
Druck: Easy-to-Read Publications



ISBN 978-3-944668-41-3

# *Rosa Meer*

*Roman in Einfacher Sprache*

Marion Döbert

# Inhalt

# Unser Dorf

Wir leben in einem kleinen Dorf in Italien.
Unser Dorf heißt Castelone.
Castelone liegt direkt am Meer.

Fast alle Familien hier leben vom Fischen.
Fast jede Familie hat ein Boot.
Ein kleines Boot oder einen richtigen Fisch-Kutter.

Die Familien, die nicht fischen, leben von den Touristen.
Im Sommer machen die Deutschen und die Schweizer Urlaub bei uns.

Im Sommer ist es warm, und die Grillen zirpen.
Das Meer ist dann blau, türkis oder fast weiß.
Die Touristen kommen zum Baden und Faulenzen.

Die Fischer arbeiten immer.
Im Sommer und Winter.

Die Touristen kaufen die Fische von den Booten im Hafen. Schwertfisch, Thunfisch, Sardinen.
Im Sommer geht es den Fischern gut.

Im Winter ist das Meer oft braun.
Mit weißen Schaum-Kronen.

Die Boote verschwinden dann zwischen den hohen Wellen.

Ich heiße Rosa.
Aber mein Name wird nicht schön weich gesprochen.
Nicht so schön weich wie das Wort Rose.

Mein Name wird Rossa gesprochen.
Eher hart und kurz. Vielleicht, weil ein harter Name besser zu meinem Leben passt.

Denn mein Leben war oft ein Alptraum.
Ein Traum voller Angst und Schmerz.
Voller Einsamkeit und Sehnsucht.

Das Schicksal kann manchmal grausam sein.
Wie eine schwere Sturm-Flut.
Man ist ihr ausgeliefert.
Wenn man sein Boot nicht beherrscht.
Aber man kann es lernen.
Man kann lernen, ein Boot auch im Sturm zu steuern.

So ist es auch mit dem Leben:
Man muss das Ruder selber in die Hand nehmen.

Aber ich will von Anfang an erzählen.

# Meine Familie

Meine Familie ist keine richtige Familie.
Meine Familie, das sind mein Vater und ich.

Meine Mutter ist gestorben.
Bei meiner Geburt.
Aber daran kann ich mich nicht erinnern.
Deshalb macht es mich auch nicht traurig.
Traurig bin ich nur, wenn Pepe traurig ist.

Pepe, so heißt mein Vater.
Ich soll ihn Pepe nennen, nicht Papa.
Denn wenn ich Papa zu ihm sage, muss er an Mama denken.
Dann wischt er sich über die Augen.
So als würde er weinen.

Mein Vater hat mich schon immer mit auf sein Boot genommen.
Er musste mich ja mitnehmen. Weil ich als Kind nicht alleine zu Hause bleiben konnte.
Aber auch später.
Weil ich ihm immer besser bei der Arbeit helfen konnte.

Ich kann ordentlich zupacken.
Ich kann den kleinen Kutter steuern.

Ich kann ihn auf der Stelle halten.
Wenn wir die Netze einholen.
Ich kann Fische schlachten und sie sauber ausnehmen.
Ich weiß, wie lange Krabben gekocht werden müssen.
Ich kann die Fische an die Touristen verkaufen.
Denn in der Schule habe ich etwas Deutsch gelernt.

Ich bin nicht oft in der Schule gewesen.
In der Schule spricht man zu viel.
Die Lehrer sprechen über alles und jedes.
Sie sprechen über das Meer und den Fisch-Fang.
Über das Wasser, über die Fische.
Sie reden und reden.
Aber man riecht das Wasser nicht.
Und nicht die Fische.

Ich war in der Schule einfach hör-müde.
Ich weiß nicht, ob das eine Krankheit ist.
Jedenfalls bin ich im Unterricht oft eingeschlafen.

Wenn Pepe und ich auf das Meer hinausfahren,
dann rieche ich das Meer.
Dann sehe ich den weiten Himmel.
Dann höre ich das Schreien der Möwen.
Dann spritzt uns das salzige Wasser ins Gesicht.
Dann lachen wir. Bei einem guten Fang!

## Der Tanz-Abend

Für Pepe bin ich schon lange kein Kind mehr.
Ich arbeite auf dem Boot.
Und ich mache den Haushalt.
In meiner Freizeit kann ich tun und lassen, was ich will.

Laura ist meine beste Freundin.
Samstags fahren wir oft zusammen zum Tanzen.
Mit dem Rad fahren wir dann in die Nachbar-Stadt.

Dort gibt es eine kleine Diskothek.
Fünf Kilometer hin.
Fünf Kilometer zurück.
Mit dem Rad ist das nicht weit.
Nur zurück geht es meist im Dunkeln.

Vor dem Tanz-Abend machen wir uns schön.
Wir schminken uns.
Wir lackieren uns die Nägel.
Wir ziehen kurze Röcke an.
Und offene Schuhe.
Feine Sandaletten.

Praktisch ist das nicht.
Mit den Sandaletten auf dem Fahrrad.
Aber man kann die rot lackierten Fußnägel sehen.

Wenn die Jungs uns sehen, rufen sie laut:
„Ciao bella! Was für schöne Frauen!“
Dabei sehen sie an unseren Beinen entlang.
Vielleicht, um ein Stück von unseren Slips zu sehen.

In der Disco winken uns unsere Freunde zu:
Anna, Beppo, Alberto, Diana.
Alle sind da.
Wir tanzen und lachen.
Unsere Röcke wippen im Rhythmus der Musik.
Wir tanzen und lachen bis spät in die Nacht.

Beppo zieht mich näher an sich ran.
„Rosa“, flüstert er mir ins Ohr.
„Du machst mich verrückt.“

Er streicht über meine Beine.
Unter dem kurzen Rock.
Im Flur, bei den Toiletten, da küssen wir uns.

Es ist nicht das erste Mal.
Dass wir uns küssen.
Am Strand hat er meine Brüste gestreichelt.
Vor der Liebe.
Nach der Liebe.
Wie oft ist Beppo dann eingeschlafen.
Zwischen meinen Beinen.

Ich bin noch zu jung.
Aber für uns ist klar:
Wir werden heiraten.
Wir werden ein Paar.

Laura tippt mir auf die Schulter:
„Finito! Schluss mit Knutschen!
Wir müssen uns auf den Heimweg machen!"

Dabei grinst sie zu Beppo.
Und zieht mich von ihm weg.

# Der Heimweg

Draußen ist es immer noch mild.
Wir schnappen uns die Räder und fahren Richtung Meer.
Wir fahren auf der Land-Straße.

Nachts ist kaum Verkehr.
Vor uns fährt nur ein Lastwagen.
Sicher will er zum Fähr-Hafen.
Dahin, wo die großen Schiffe ablegen.
Das ist nicht unsere Richtung.
Der wird an der nächsten Kreuzung abbiegen.

Laura ruft:
„Wer den Laster als Erste einholt,
der bekommt Beppo zum Mann."
Dann tritt sie in die Pedale.
Ich hinterher.

Das lasse ich mir nicht zweimal sagen.
„Beppo, den kriege ich!",
schreie ich zu Laura und fahre an ihr vorbei.

Ich fahre im Stehen.
Um mehr Kraft zu haben.
Meine Haare und der Rock, die wehen im Wind.

Ich fahre immer schneller.
Immer wilder.
Noch schneller!
Ich werde den Laster als Erste einholen.
Für Beppo! Meinen Beppo!
Für meine große Liebe!

Ich sehe die Rück-Lichter näher kommen.
Ich rieche schon die Abgase von dem schweren Laster.
Gleich bin ich da.
Gleich habe ich es geschafft!

Ich drehe mich kurz um.
Wie weit Laura wohl ist?

Weit da hinten.
Da ist sie.
Sie winkt.
Sie winkt voller Angst.
Und sie schreit!
Laura schreit in den Wind:
„Rosa, guck nach vorn!
Rosa!
Pass auf!
Rosa!!!"

Aber es ist zu spät.

Mein Vorder-Rad ist an den Reifen gekommen.
Seitlich an den Reifen.
Von dem großen Laster.
Der Reifen zieht mich mit.

Ich sehe meinen Fuß mit den roten Nägeln.
Irgendwo dazwischen, mein Bein.
Mein Bein!
Ich höre ein Knirschen.
Die Bremsen kreischen.
Metall schlägt auf Metall.
Der Reifen ist rot.
Blutrot.
Ich fliege, fliege.
Alles wird schwarz.

Und dann weiß ich nichts mehr.

## Danach

Nach dem Unfall hat Laura immer zu mir gehalten.
Im Krankenhaus hat sie mich jeden Tag besucht.

Nur mein Vater und Laura dürfen mich besuchen.
Niemand sonst soll zu Besuch kommen.
Vor allem nicht Beppo.
Er soll mich nicht so sehen.

Sie haben mir das linke Bein abgenommen.
Sagt die Ärztin.
Den Fuß.
Den Unterschenkel.
Und auch das Knie.
Ich habe nur noch den Oberschenkel.
Nur noch einen Stumpf.

Das ist alles, was übrig geblieben ist.
Beppo soll das nie sehen!
Nie im Leben!

Und ich?
Wie soll ich den Anblick ertragen?

In der ersten Zeit weine ich nur.
Oder ich starre auf die Wand.
Weil ich mich leer fühle.

Ausgetrocknet.
Verkümmert.
Als wäre ich tot.

Aber ich war nicht tot.
Schmerzen sind so wahnsinnig lebendig.
Schmerzen bohren.
Beißen.
Erdrücken.
Schmerzen würgen den ganzen Körper.
Schmerzen sind Kotzen und Übelkeit.
Schmerzen sind Ohnmacht.
Ist das mein Leben?

Für Pepe ist es schrecklich.
Nicht das mit dem Bein.
Fischer verlieren immer mal wieder eine Hand oder ein Bein.
Das kennt er.
Das passiert eben.
Bei Unfällen auf den Booten.

Schrecklich für Pepe ist der Gedanke an den Unfall selbst.
Der Gedanke, dass ich hätte sterben können.
Dass er auch mich verloren hätte.
Wenn alles noch schlimmer gekommen wäre.
Wie damals. Mit Mama.

Pepe zündet in der Dorfkirche eine Kerze an.
Eine für Mama.
Eine für mich.
Aus Dankbarkeit.
Weil ich noch lebe.

Ich bin dankbar für nichts.
Ich wäre lieber tot.
Lieber tot als diese Schmerzen!

Aber mit der Zeit wird es besser.
Ich bekomme kein Morphium mehr.
Ich bekomme andere Schmerz-Mittel.
Leichtere Schmerz-Mittel.

Ich fühle mich wacher.
Ich kann wieder denken.
Ich frage die Ärztin:
„Wird alles verheilen?“

Die Ärztin ist erleichtert.
Sie ist froh, weil ich an die Zukunft denke.
An meine Zukunft.

„Ja, es wird alles gut verheilen!“, sagt sie.
„Und du wirst wieder gehen können.
Mit einer Prothese.
Das ist mühsam.

Am Anfang.
Aber du wirst es lernen.“

Eine Prothese!
Ein Bein aus Plastik!
Mir graut davor.
Ich fürchte mich davor.
Ich ekele mich davor.

Ich habe Angst, mein Bein zu berühren.
Jedenfalls das, was von ihm übrig geblieben ist.
Ich will das alles nicht sehen!
Ich will das alles nicht haben!

Manchmal bin ich so wütend.
Manchmal hasse ich mich.
Oder die Welt.
Das Leben.
Und Gott.

# Beppo

Ein deutsches Sprich-Wort sagt:
*Die Zeit heilt alle Wunden.*

Aber kein Mensch glaubt daran.
Wenn die Wunden noch frisch sind.
Wenn es einem richtig dreckig geht.
Dann glaubt man nicht an Sprich-Wörter.

Auch nicht an das, was die Ärzte sagen.
Oder was Freunde erzählen, die einen trösten wollen.
Wenn es einem dreckig geht.
Dann glaubt man an nichts Gutes.
Dann gibt es nichts Gutes.
Wenn es einem verdammt dreckig geht.

Erst wenn Wochen, Monate oder Jahre vergangen sind.
Erst dann wird das Schlimme im Leben weniger schlimm.

Ich habe mich inzwischen an meine Prothese gewöhnt.
Aber mein Leben hat sich verändert.

Ich kann nicht mehr Fahrrad fahren.

Ich kann Pepe nicht mehr auf dem Boot helfen.
Ich habe keine Arbeit.
Ich habe kein Geld.
Nur eine kleine Rente.
Ich trage keine Röcke mehr.
Und keine Sandaletten.
Und Beppo ...
An dieser Stelle denke ich nicht weiter.

Aber ich kann wieder am Meer entlang gehen.
Ich sehe die bunten Boote auf dem Wasser.
Ich sehe die Möwen.
Ich höre ihr Geschrei.
Und nachts sehe ich die Sterne am Himmel.

Am Meer ist alles leichter.
Das Meer erwartet nichts von mir.
Ich muss nicht so sein, wie alle sind.
Das Meer kommt und geht.
Egal, was passiert.

Beppo ist inzwischen Bürgermeister.
Er schreibt mir Briefe, die ich nicht lese.
Abends wirft er sie in meinen Brief-Kasten.
Ich habe ihn dabei gesehen.
Unten vor dem Haus.
Wie sehr ich ihn liebe!
Ich lege seine Briefe in meine Schublade.

Vielleicht schreibt er mir, dass er mich liebt.
Aber ich will das nicht lesen.

Ich will nicht, dass Beppo einen Krüppel liebt.
Eine zerstörte Frau.
Eine Frau, die sich nie wieder vor einem Mann ausziehen wird.
Eine Frau, die sich nackt nur hilflos fühlt.
Nicht begehrenswert.
Sondern abstoßend.
Eine Frau, die keine Frau mehr ist. So wie ich.

Damals hat die Ärztin zu mir gesagt:
„Die Liebe zu dir selbst beginnt in deinem Kopf.
In deinen Gedanken.
Deine Gedanken können dich tragen.
Oder dich zerstören.
Das entscheidest du selbst."

Ich habe das damals nicht verstanden.
Erst viele Jahre später.

Ich gehe Beppo aus dem Weg.
Wenn ich ihn auf der Straße sehe.
Dann biege ich vorher ab.
Ich verstecke mich in den Gassen.
Ich will ihm nicht begegnen.
Ich will nicht, dass Beppo mich humpeln sieht.

Und doch habe ich Sehnsucht nach ihm.
Ich würde so gern von ihm gestreichelt werden.
Wie damals, als wir zusammen tanzen waren.
Als wir uns im Meer geliebt haben.
Als er mich mit Sonnenmilch eingecremt hat.
Als er zwischen meinen Beinen eingeschlafen ist.

Nur Laura darf mir nahe kommen.
Nur Laura darf mich anfassen.
Ich brauche noch manchmal Hilfe.
Beim Anziehen, beim Duschen.
Durch den Unfall sind wir noch stärker miteinander verbunden.

Laura arbeitet jetzt im Tourismus-Büro.
Ich arbeite nicht mehr.
Vor meinem Unfall habe ich auf Pepes Boot gearbeitet.
Oder Post ausgefahren.
Mit dem Fahrrad.

## Der Tourist

Jetzt sitze ich schon morgens bei der kleinen Bar am Hafen.
Ich trinke dort Kaffee und sehe aufs Meer.
Es ist Sommer.

Ich trage eine weite Sommerhose.
Und eine bunte Bluse.
Dazu einen Hut und eine Sonnenbrille.
Alles soll von meinem Bein ablenken.

Wenn ich sitze, fühle ich mich am wohlsten.
Wenn ich sitze, fühle ich mich sogar hübsch.
Wenn ich sitze, bin ich eine ganz normale Frau.

Plötzlich spüre ich, dass mich jemand anguckt.
Seitdem ich die Prothese trage, bemerke ich sofort, wenn mich jemand ansieht.

Ich schaue auf und schiele über meine Sonnenbrille.
Es gelingt mir nicht, schnell genug wegzugucken.
Unsere Augen treffen sich.
Ich bin verlegen.
Er lacht.
Ich werde rot.
Er ist ein Tourist.
Ein Deutscher. Das sehe ich sofort.

Er winkt Carlo zu sich an seinen Tisch.
Carlo führt die Bar, seit ich denken kann.
Carlo beugt sich zu ihm hinunter.
Der Tourist sagt etwas zu ihm.
Carlo nickt und spricht ebenfalls.
Ich kann nichts verstehen.
Ich sitze zu weit weg.

„Der Herr möchte dich zu einem Drink einladen“,
sagt Carlo zu mir und grinst.
„Ich wollte gerade gehen“, sage ich schnell.

„Aber der Herr hat schon bestellt, Rosa.
Sei doch bitte keine Spiel-Verderberin!“

Seit dem Unfall spiele ich nicht mehr.
Das Leben ist viel zu ernst geworden.
Warum soll ich mit Männern spielen?
Warum soll ich flirten?
Warum einem Mann den Kopf verdrehen?
Ich würde ja doch nicht ...

An dieser Stelle höre ich immer auf zu denken.

„Dann muss er sich aber an meinen Tisch setzen“,
sage ich zu Carlo.
Auf keinen Fall werde ich aufstehen und zu ihm
hinübergehen.

Er sieht nur meine schöne Bluse.
Meinen Sonnenhut.
Mein hübsches Gesicht.
Meine rot geschminkten Lippen.
Alles das ist *über* dem Tisch.

Aber *unter* dem Tisch, da ist mein Bein.
Mein halbes Bein aus Plastik.
Mein Bein, das ich abends ausziehe wie ein Stück Kleidung.
Mein Bein, das ich abschnalle.
Mein Bein, das ich neben mein Bett an den Nachttisch stelle.

Von dem Moment an bin ich nicht mehr hübsch.
Von dem Moment an bin ich hilflos.
Von dem Moment an brauche ich meine beiden Krücken.
Wenn ich nachts mal aufs Klo muss.
Dann humpel ich mit den Krücken ins Bad.
Eine Nacht mit einem Mann ...

Ich denke nicht mehr weiter.
An dieser Stelle höre ich immer auf zu denken.

Der Tourist kommt zu mir herüber.
Carlo bringt die Drinks.
Wir sprechen, wie das so üblich ist:

„Buongiorno! Guten Tag! Sprechen Sie Deutsch?"
„Si! Ja, ein wenig."
„Paul ist mein Name. Ich mache hier Urlaub."
„Angenehm. Ich bin Rosa. Ich lebe hier."
„Ich hoffe, dass ich nicht zu aufdringlich bin?"
„Nein, nein. Es ist ja nur auf einen Drink."

Dann geht es so weiter.
„Ja, ich bin in Castelone geboren."
„Ich komme aus Hannover. Da gibt es kein Meer."
„Ja, das Meer ist herrlich."
„Und das Wetter ist so schön heute."
Wir stoßen an:
„Salute! Auf Ihr Wohl!"

Wir reden über nichts Aufregendes.
Wir reden über das Wetter, das Meer und über uns.
Aber wir reden über uns wie über zwei Menschen, die gerade neu erschaffen werden.

Wir reden nicht über unseren Alltag.
Nicht über unsere Sorgen.
Nicht über das, was schlimm war im Leben.
Nicht über das, was schlimm ist.

Wir reden so, als hätte keiner von uns eine Vergangenheit.
Wir genießen nur den Augenblick.

Den wunderbaren Augenblick,
wenn sich zwei Menschen ganz unbefangen
begegnen.
Ganz ohne Vorurteile.
Ganz ohne Erwartungen.

Für ihn bin ich eine Frau aus Castelone.
Eine Bella, eine Schöne.

Er ist für mich Paul aus Hannover.
Ein interessanter Mann.

Mehr nicht.

# Abschied

Paul kommt immer erst dann zur Bar, wenn ich schon dort sitze.
Paul geht immer, bevor ich die Bar verlasse.
Ich wette, Carlo steckt dahinter.
Ich wette, Carlo hat ihm was erzählt.
Carlo weiß, dass ich nicht durch das Lokal humpeln will.

Eigentlich humpele ich gar nicht mehr.
Mit meiner Prothese.
Ich kann sogar fast schon elegant damit gehen.
Ich muss mein Bein nur ein wenig nachziehen.

Aber ich kann noch nicht richtig daran glauben.
Das Humpeln ist noch immer in meinem Kopf.
Ich kann mich selber noch nicht leiden.
Ich denke oft schlecht über mich.
Dass ich keine richtige Frau mehr bin.
Dass ich ein Krüppel bin.
Und ein Krüppel bleibe.

Mal ist es schlimmer, mal ist es besser.
Wenn ich abends den Stumpf sehe, weine ich.
Nicht immer.
Und nicht mehr so oft wie am Anfang.
Eigentlich weine ich so gut wie gar nicht mehr.

Das neue Bein gehört zu mir wie ein alltäglicher Gegenstand.
Morgens schnalle ich es an.
Abends schnalle ich es ab.
Wie Schuhe.

Aber es fällt mir immer noch schwer, das lieb zu haben, was von meinem Bein übrig geblieben ist.

Ich schränke mich ein, mit meinen Gedanken.
So wie einer, der im Spiegel nur seine Pickel sieht.
Aber nicht sich selbst.
Oder wie jemand, der seine Nase zu groß findet.
Und glaubt, dass alle Menschen nur auf seine Nase starren.
Oder wie einer, der immer nur an den Tod denkt.
Und dabei vergisst zu leben.
Aber so schlimm ist es dann doch wieder nicht bei mir.

Eines Tages sagt Paul zu mir:
„Es stört mich nicht."
„Was?", frage ich.
„Na, das mit deinem Bein."

Ich sehe ihn entsetzt an.
Am liebsten will ich wegrennen.
Aber genau das kann ich nicht.

„Woher weißt du ...?“, frage ich.
„Ist doch egal“, sagt Paul.
„Ich will nicht darüber sprechen“, wehre ich ab.
„Ich weiß“, sagt Paul.

Wir sehen uns schweigend an.
Carlo spendiert uns einen Drink.
Paul fährt morgen nach Deutschland zurück.

„Ich werde dir schreiben“, sagt er beim Abschied.

## Briefe

Paul schreibt mir jede Woche einen Brief.
Er schreibt von seinem Alltag.
Von seiner Arbeit.
Vom Wetter in Hannover.
Von dem See, den es dort gibt.

Wenn er an dem See spazieren geht.
Dann denkt er an das Meer.
Und an mich. An mich denkt er, auch wenn er nicht spazieren geht.
Das alles schreibt mir Paul.

Laura liest mir seine Briefe vor.
Denn auf Deutsch kann ich nicht lesen.

„Der hat sich in dich verknallt",
grinst Laura und sagt dann noch:
„Wenn Beppo das wüsste!"
Ich zucke zusammen, als sie seinen Namen sagt.
„Er fragt immer wieder nach dir", sagt Laura.
Ob ihr nicht mal wieder zusammen ..."
„Nein", sage ich.
„Ich kann nicht."

Als Laura geht, hole ich die Briefe von Beppo aus der Schublade.

Die Briefe, die ich nie gelesen habe.
Aus Angst vor der Wahrheit.

Ich öffne die Briefe.
Einen nach dem anderen.
Meine Hände zittern.

„Ich will dich, Rosa."
„Ich begehre deinen Körper."
„Ich will eintauchen in dir."
„Ich will wild sein mit dir."
„Ich will dich anfassen! Ich will dich streicheln."
„Ich will deine Brüste küssen."
„Ich will dich behüten!"
„Ich will den Rausch. Ich will unseren Rausch. "
„Ich liebe dich! Ich begehre dich!"
„Rosa, wann kommst du zurück? Zurück zu mir!"

Ich weine.
Und ich weiß: Ich muss weg.
Ich muss weg von hier.
Ich muss weg von Beppo.
Ich muss weg aus unserem Dorf.

Ich ertrage es nicht, ihm zu begegnen.
Ich ertrage nicht seine und meine Sehnsucht.
Eine Sehnsucht, die so körperlich ist.
Die mich so berührt und bewegt.

Aber immer, wenn ich an meinen Körper denke,
dann erstarre ich zu Eis.
Ich kann nicht.
Beppo, ich kann nicht!

Im Oktober fahre ich nach Deutschland.
Paul hat mich eingeladen.
„Der goldene Oktober", hat er geschrieben,
„der wird dir gefallen.
Die Wälder sind wie mit Gold überzogen."

Bei uns am Meer gibt es nur Pinien.
Kiefern, die aussehen wie Baum-Schirme.
Sie sind immer grün.
Aber goldene Blätter an Bäumen.
Das muss schön aussehen!
Vielleicht komme ich dort auf andere Gedanken.
Dort in Deutschland.
Dort bei Paul.

Laura nimmt mich bis München mit.
Sie will dort eine Freundin besuchen.
Ab München nehme ich den Zug nach Hannover.

Laura nimmt mich am Bahnhof in die Arme.
„Bis in zwei Wochen, du Liebe.
Hier in München.
Dann fahren wir wieder zusammen zurück."

# Hannover

Paul zeigt mir die Stadt.
Seine Stadt.

Er geht mit mir am Masch-See spazieren.
Ein See, mitten in der Stadt.
Wir fahren auf dem See mit einem Schiff.
Mit einem Ausflugs-Dampfer.

Paul zeigt mir sein Haus.
Er zeigt mir ein Zimmer mit Bad.
Das kann ich für mich alleine haben.
Paul ist rücksichtsvoll.
Paul drängt sich nicht auf.

Wir gehen durch die Wälder.
Er geht langsam.
Wegen mir.
Denn der Boden ist nicht eben.
Das macht es mir schwer.
Aber ich freue mich über die Farben der Bäume.
Wir freuen uns beide darüber.

Wir gehen aus. Essen.
Oder Paul kocht für uns.
Oder ich.
Dann gibt es italienische Küche.

Mit Fisch und viel Knoblauch.
„Wie gut, dass ich nicht arbeiten muss“, lacht Paul.
„Wegen dem Knoblauch.“

Ich wundere mich.
„Darf man in Deutschland denn nicht nach Knoblauch riechen?“
„Nur im Urlaub“, sagt Paul gut gelaunt.

Paul wohnt in einer Siedlung.
Ein- und Zwei-Familien-Häuser, die eng zusammenstehen.
Für mich sehen die Häuser alle gleich aus.
Vor allem abends, wenn die Roll-Läden heruntergelassen sind.

In der Siedlung ist kein Mensch auf der Straße.
Nur auf dem Weg vom Haus zum Auto.
Oder vom Auto zum Haus.

Mir tut es gut, dass mich hier niemand kennt.
Paul sagt: „Die Nachbarn stehen hinter den Gardinen und beobachten uns.
Weil sie wissen wollen, wer du bist.
Und weil du so schön bist.“

Paul nimmt mich bei diesen Worten leicht in den Arm.

Ich freue mich, weil er sich freut.
Dass ich hier bin.
Aber ich freue mich auch.
Dass er mich sofort wieder loslässt.

Einmal gehen wir in die Markt-Halle in der Innen-Stadt.
Hier gibt es Stände mit Essen und Trinken aus aller Welt.
Hier ist ein buntes, lebendiges Treiben.
Ich liebe diese Markt-Halle.
Die Menschen reden durcheinander.
Laut und mit Händen und Füßen.
Wie bei uns.
Wie in Castelone.

Es gibt auch einen italienischen Stand.
Wir wollen einen Espresso trinken.
Ich bestelle.
Auf Italienisch.
Sofort wollen die Italiener alles von mir wissen:
Woher ich komme.
Was mich nach Hannover geführt hat.
Wie lange ich hier bleibe.
Für immer oder nur für einen Urlaub?

„Am liebsten für immer", sagt Paul.
Und er sieht mir dabei tief in die Augen.

„Ich muss mal zur Toilette“, sage ich.
„Entschuldige mich bitte.“

Ich bin ganz durcheinander.
Paul ist sehr charmant.
Er ist freundlich und höflich.
Er strahlt Ruhe aus.
Vielleicht, weil er viel älter ist als ich.
Paul mag mich.
Das spüre ich.
Mein Bein ist ihm egal.
Das weiß ich.
Paul will nicht mehr alleine leben.
Das kann ich verstehen.
Paul würde mich auf Händen tragen.
Das wäre gut für mich.

Ich wasche mir die Hände und gehe langsam zurück zum Stand.

„Ja, Paul“, sage ich.
„Am liebsten für immer.“

## Weglaufen

So kam es, dass ich weggegangen bin aus Castelone.
Laura hat furchtbar geheult.
Ich auch, als wir uns verabschiedet haben.

Aber am schlimmsten war es,
als Beppo plötzlich vor mir stand.

Paul war dabei, meine Sachen ins Auto zu packen.
In der Zeit wollte ich mich noch von Carlo
verabschieden.
Ich ging zur Bar runter an den Hafen.
Und plötzlich steht Beppo vor mir.

„Laura hat mir alles erzählt“, sagt er.
Seine Augen sehen mich dunkel an.
Seine dunklen, schönen Augen.
Sie sind schön, traurig und verzweifelt.
„Geh nicht weg!
Ich bitte dich.“

„Beppo“, sage ich und suche nach Worten.
„Ich bin nicht mehr die, die du von früher kennst.
Wir haben als Kinder zusammen gespielt.
Wir haben in der Disco zusammen gespielt.
Und danach im Meer und unter den Sternen.
Das Salz hast du mir von der Haut geküsst.

Es war ein wunderbares, schönes, spannendes
Spiel.
Aber ich kann nicht mehr spielen, Beppo.
Ich kann nicht einmal mehr Fangen spielen.
Ich kann nicht einmal mehr weglaufen,
wenn mir danach ist."

„Aber das machst du doch gerade, Rosa.
Du läufst doch vor mir weg.
Warum?
Wovor hast du Angst?"

„Rosa!", ruft Carlo aus der Bar.
„Signor Paul ist am Telefon und fragt,
ob er dich jetzt abholen soll."

„Si, si! Ja, ja!", rufe ich.

Beppo hält mich fest.
Fast schüttelt er mich.
„Wovor läufst du weg, Rosa?"

„Vor mir selbst", sage ich.
„Weil ich es nicht ertrage, wie ich bin.
Weil ich es nicht ertrage, wie ich aussehe.
Weil ich mein Bein wiederhaben will.
Weil ich will, dass du meine Füße küsst.
Meine beiden Füße. Beide!

So wie du es immer getan hast.
Und nie mehr tun wirst.
Nie mehr tun kannst.
Weil da nichts mehr ist.
Weil da auch kein Mut mehr ist.
In mir.
Ich muss weg, Beppo.
Ich kann mich nur ertragen,
wenn ich weg bin von hier.
Vielleicht wird dann alles besser."

Paul fährt mit seinem Wagen vor.
Beppo drückt seine Finger in meine Arme.
Beppo lässt mich los.
In diesem Moment kommt es mir vor,
als würde ich in ein schwarzes Loch fallen.

# Alltag

Ich weiß gar nicht mehr,
wie lange das jetzt schon alles her ist.
Ich lebe schon lange bei Paul in Deutschland.

Paul lässt mir alle Freiheit, die ich brauche.

Mal streichelt er mir über die Wange.
Mal hält er meine Hand. Abends.
Wenn wir auf der Terrasse sitzen.
Mehr braucht Paul nicht.

Einmal hat er Andeutungen gemacht:
„Weißt du, Rosa, die wilden Jahre bei mir sind
vorbei."
Er ist damit zufrieden, dass ich da bin.
Mehr will er nicht von mir.

Eine Sekunde lang denke ich an Beppo.
An unsere wilden Jahre am Meer.

In der Siedlung ist mir langweilig.
Paul geht morgens zur Arbeit.
Ich stehe dann oft am Fenster.

Ich sehe auf die Straße,
auf der keine Menschen zu sehen sind.

Ich sehe auf die Autos.
Ich fange an, die Autos zu zählen.

Morgens fahren die meisten Autos weg.
Mittags sind nur die Autos von den Frauen da.
Kleinwagen. Teure, gute Kleinwagen.
Am Spätnachmittag und Abend kommen die Männer zurück.
Gute, teure Mittel-Klasse-Wagen.
Auch Paul kommt dann zurück.

Paul merkt, dass ich nicht glücklich bin.

Eines Tages bringt er mir so etwas wie eine Zeitschrift mit.
„Schau doch mal da rein“, sagt er.
„Vielleicht möchtest du mitmachen.
Es sind Kurse zum Lernen:
Deutsch-Kurse, Computer-Kurse.
Vielleicht hast du Spaß daran.
Und du kommst mal raus,
kommst mal unter andere Leute.“

Paul ist so gut zu mir.

Ich bin dann wirklich hingegangen.
In die Volks-Hochschule von Hannover.
Eine Schule für Erwachsene.

Ich bin in die Kurse gegangen.
Ich habe dort viel gelernt.
Lesen und Schreiben in deutscher Sprache.
Schreiben auf dem Computer.
Internet und all diese Sachen.

„Hallo Laura", schreibe ich stolz an Laura in ihrem Tourismus-Büro.
„Bin jetzt *online* zu erreichen."

Ich finde, das hört sich albern an.
Aber fünf Minuten später schreibt Laura tatsächlich zurück.
„Kannst du auch skypen?"
Keine Ahnung.
Am Abend frage ich Paul.

„Skypen, das ist wie telefonieren
und sich dabei sehen können", erklärt mir Paul.
„Alles über den Computer. Mit Kameras.
Ich richte dir das ein."

Paul ist ein echter Schatz!

Laura und ich schreiben uns ständig.
Eine E-Mail nach der anderen.
Wenn Laura Zeit hat.
Und abends sehen wir uns am Computer.

„Du hast zwei graue Haare bekommen",
sage ich zu Laura.
„Dummchen", sagt sie zu mir.
„Es sind mindestens 20.
Aber du hast eine Falte."

„Was, wieso?"
„Du hast eine Löwen-Falte."
„Eine was?"
„Eine Löwen-Falte.
Diese tiefe Falte von oben nach unten.
Zwischen deinen Augenbrauen."

„Warte mal", sage ich
und gehe zum Spiegel.

Ich sehe in den Spiegel.
Langsam gehe ich zurück zum Computer.

„Laura, ich melde mich morgen wieder."
„Was ist denn, Rosa?
Ich habe es doch gar nicht böse gemeint."
„Nein, nein", sage ich abwesend.

„Rosa, ist was mit dir?", fragt Laura besorgt.
„Rosa, sag doch, was ist mit dir?
Du siehst so ...
Du siehst so durcheinander aus."

„Morgen“, sage ich. „Morgen sprechen wir wieder. Gute Nacht, Laura.“

„Rosa, sag, wenn es dir nicht gut geht ...“

Aber ich habe den Computer schon ausgestellt.

# Nebel

„Hast du keinen Appetit?“, fragt mich Paul besorgt.
Ich habe nur ein kleines Stück von der Pizza gegessen.
Den Salat habe ich gar nicht angerührt.

Ich schaue auf den Salat.
Ich schaue zu Paul.
Ich schaue auf die Pizza.
Ich schaue von der Pizza zu Paul zurück.

„Was ist los, Rosa?“.
Paul nimmt meine Hand.

Ich sehe auf Pauls Hand.
Ich sehe auf meine Hand.
Ich sehe auf die Wand hinter Paul.
Ich drehe meinen Kopf.
Ich sehe von der Seite her zu Paul hinüber.

„Rosa, was machst du denn für Sachen?
Lass uns doch zu Ende essen!
Wir wollen doch noch ins Kino gehen.“

Ich drehe meinen Kopf zur anderen Seite.
Ich sehe Paul von der anderen Seite her an.
Ich sehe wieder auf die Pizza.

„Paul, irgendetwas stimmt nicht."
„Was stimmt nicht?
Ist was mit dem Computer?
Oder ist was mit den Nachbarn?"

„Nein, Paul."

Ich traue mich nicht, weiter zu reden.
Weil ich mich nicht traue zu sagen, was ich gesehen habe.

Paul steht auf.
Er kommt zu mir und nimmt mich in den Arm.
„Du kannst mir doch vertrauen. Das weißt du doch."

„Ja", sage ich.
„Hast du die Falte auf meiner Stirn bemerkt?"

„Welche Falte denn?", sagt Paul und lacht.
„Du bist die schönste und klügste Frau, die es gibt.
Da sieht man keine Falten."

„Paul, ich meine es ernst."

Paul nimmt mich fester in den Arm
„Ja, es ist wohl ernst.
Was ist es denn, Rosa?"

„Wenn ich dich ansehe", antworte ich, „dann sehe ich in der Mitte einen kleinen Nebel.
Wenn ich auf etwas schaue, auf die Pizza oder auf die Wand, dann sehe ich in der Mitte auch einen kleinen Nebel.

Wenn ich den Kopf drehe und dich von der Seite her ansehe, dann sehe ich dich ganz scharf.
Aber wenn ich dir direkt ins Gesicht sehe, dann sehe ich dich gar nicht mehr richtig scharf.
Das ist wie ein weißer Schnee-Ball.
In der Mitte vor meinen Augen.
Wie ein Nebel-Ball.

Deshalb habe ich diese Falte zwischen den Augen.
Weil ich mich anstrengen muss.
Weil ich mich anstrengen muss, um richtig sehen zu können.

Paul!
Paul, was ist das?
Mir ist das unheimlich."

Paul nimmt mich fest in seine Arme.
„Ich gehe morgen erst später zur Arbeit.
Als erstes gehen wir zusammen zur Augen-Ärztin."

# Die Augen-Krankheit

*Die Zeit heilt alle Wunden.*
Ich würde dieses Sprich-Wort am liebsten
mit der Axt zerhacken!
Zum Kotzen sind diese Scheiß-Sprüche!
Zum Kotzen ist dieses ganze Scheiß-Leben!

Ich habe es satt!
Ich will nicht mehr!
Erst der ganze Mist mit meinem Bein!
Und jetzt das mit meinen Augen!

Die Ärztin hat mir gesagt, was ich habe:
Ma-ku-la-de-ge-ne-ra-tion.
Das bedeutet: Verlust der Seh-Schärfe!
Vor allem in der Mitte des Auges.
Oft bei beiden Augen.
Kann zur Erblindung führen.

Deshalb, Laura,
deshalb habe ich diese Scheiß-Löwen-Falte.
Weil ich mich so anstrengen muss, beim Sehen.
Weil ich meine Augen ausquetsche.
Weil ich das Letzte aus meinen Augen rausholen muss.
Und trotzdem kann ich nicht scharf sehen.

Ich habe es nicht gleich gemerkt.
Am Computer muss ich beim Schreiben nicht auf die Tasten sehen.
Ich kann ja blind tippen.
Wie sich das jetzt für mich anhört:
Blind tippen!

Beim Lesen dachte ich immer:
Ich muss mir mal eine Lese-Brille holen.
Oder ich dachte:
Ich bin zu müde zum Lesen.
Oder ich habe gar nicht gelesen.
Weil ich Heimweh hatte.

Die E-Mails von Laura konnte ich immer lesen.
Weil ich mir die Schrift immer größer eingestellt habe.

Wir haben auch immer öfter geskypt.
Wenn ich Laura nicht richtig scharf gesehen habe,
dann lag es wohl an der schlechten Verbindung.
So habe ich es mir jedenfalls eingeredet.
Ich habe es einfach nicht sofort gemerkt.
Das mit den Augen.

„Laura", sage ich abends zu Laura am Computer.
„Ich bin so traurig."

„Weil du vielleicht ganz blind wirst?“, fragt sie mich.
„Nein“, sage ich leise.
„Weil ich das Meer hier nicht habe.
Das rosa Meer im Abendlicht.
Und weil ich Angst habe,
dass ich es nie wieder sehen werde.“

Laura wischt sich die Tränen von den Wangen.
Und ich erst recht.

## Das Meer

Jeder will sehen können.
Denn Sehen ist so schön.

Jeder will das Meer sehen.
Das blaue Meer.
Das warme, ruhige Meer.

Aber so ist das Meer nicht.
Nicht nur.
Nicht immer.

Und auch das Sehen ist nicht nur schön.
Nicht immer nur schön.

Wie oft habe ich aus dem Fenster gesehen.
Hier, in der Siedlung.
Wie oft habe ich dann meine Augen zugemacht.
Um nicht mehr sehen zu müssen.

Das Sehen ist nicht immer schön.
Und das Meer ist nicht immer schön.
Das Meer ist nicht nur rosa.
Das Meer ist auch braun oder schwarz.
Bei Sturm.

Das Meer ist dann wild.

Unerbittlich.
Es verschlingt.
Es nimmt mit sich.
Es ist tückisch.
Es ersäuft.

Wenn du am Strand bist,
steigt das Wasser.
Heimlich hinter dir.
In deinem Rücken.
Und wenn du zurück willst,
dann kannst du nicht zurück.
Dann stehst du auf einer Sand-Bank.
Und das Wasser um dich herum steigt und steigt.
Und in der Nacht verschlingt es dich.
Wenn dich keiner rettet.
Oder wenn du dich selbst nicht retten kannst.

In der Nacht macht das Meer dir Angst.
Weil du nicht siehst, wo du gehst.
Weil du nicht siehst, wo das Wasser beginnt.
Und wo es endet.
Du kannst es nur hören.

So, wie bei Nebel:
Dann ist das Meer ganz weiß.
Der Sand ist weiß.
Die Luft ist weiß.

Alles ist hell.
Und doch kannst du nichts sehen.

Am nächsten Tag liegt das Meer wieder blau vor dir.
Es hebt sich.
Es senkt sich.
Als würde es atmen.

Das Meer bringt.
Das Meer nimmt.
So wie das Schicksal.

Warum sollte mein Leben anders sein als das Meer?
Im Moment wird mir alles genommen.

# Hoffnung

Alles ist nicht so schlimm.
Jedenfalls nicht so schlimm, wie es sein könnte.
Oder vielleicht einmal sein wird.

Ich bekomme Medikamente.
Ich bekomme ein Augen-Training.
Ich habe eine besondere Brille bekommen.
Die Ärzte sagen, dass es sehr lange dauern kann.
Bis es schlimmer wird mit meinen Augen.

Ich lese viel im Internet.
Ich lese Bücher.
Ich will wissen, was für eine Krankheit ich habe.
Ich will wissen, was ich tun kann.
Ich will wissen, wie blinde Menschen leben.

In der Schule früher, da habe ich das Lernen nicht gemocht.
Jetzt will ich lernen. Jetzt will ich alles wissen.

Jetzt weiß ich, wofür Lernen gut ist.
Weil man sein Leben selber steuern kann.
Weil man am Ruder bleibt.
Weil man nicht einfach untergeht.
In diesem ganzen Schicksals-Meer.
Lernen ist gut gegen Hoffnungslosigkeit.

Ich kann mit den Ärzten sprechen, weil ich Deutsch kann.
Weil ich Deutsch gelernt habe.
Ich kann über meine Krankheit lesen, weil ich lesen gelernt habe.

Ich habe eine Arbeit im Büro bekommen.
In der Volks-Hochschule.
Weil ich gelernt habe, am Computer zu arbeiten.
Es ist nicht viel Arbeit.
Nur dreimal in der Woche.
Aber durch die Arbeit komme ich raus aus der Siedlung.
Durch die Arbeit habe ich mein eigenes Geld.
Durch die Arbeit habe ich mein Bein fast vergessen.
Die Kollegen sind nett.
Ich gehöre dazu.
Weil ich bin, wie ich bin.

In einem Kurs lerne ich die Blinden-Schrift.
Vorsichtshalber.
Wer weiß, wofür das einmal gut ist!

Das Sehen ist nicht alles.
Das Gehen ist nicht alles.
Aber sich nicht aufgeben, das ist alles!

Man muss an sich glauben.

Lernen, mit dem Schicksal umzugehen.
Lernen, neue Wege zu gehen.
Lernen, um sich selber ertragen zu können.

Die Worte von der Ärztin fallen mir wieder ein:
„Die Liebe zu sich selbst fängt im Kopf an."

# Paul

Jeden Morgen mache ich für uns das Frühstück.
Paul ist ein Lang-Schläfer.
Er genießt es, wenn ich vor ihm aufstehe.
Wenn ich das Frühstück mache.
Wenn ich rufe: „Paul! Frühstück ist fertig!“

„Paul?“
Ich warte.
Ich rufe noch einmal.
„Paul?“

Keine Antwort.
Dieser Faul-Pelz.
Hat sich wohl noch einmal rumgedreht.
Noch einmal die Decke über den Kopf gezogen.

Ich gehe die Treppe hinauf.
Nach oben.
Zu seinem Schlafzimmer.
Ich klopfe an die Tür.
„Paul?“, frage ich noch einmal.

Nichts.

Ich drücke die Klinke nach unten.
Ich öffne die Tür.

Ich gehe in das Zimmer.
„Paul?“

Ich gehe zu seinem Bett.
Ich kann ihn noch nicht richtig sehen.
Paul liegt unter der Decke.
Auf der Seite.

Ich berühre ihn vorsichtig an der Schulter.
Sein Körper kippt plötzlich auf den Rücken.
Ich beuge mich über Paul.
Um sein Gesicht besser sehen zu können.

„Mein Gott!
Paul!“

Ich sehe seine aufgerissenen Augen.
Ich schüttel ihn.
„Paul! Was ist los? Was ist mit dir?
Frühstück ist fertig.
Mach doch keinen Mist!“

Mein Herz rast.
Was ist mit ihm?
Was, verdammt, soll ich machen?

Vielleicht ein Schwäche-Anfall?
Ein Herz-Infarkt? Ein Schlag-Anfall?

Ich taste nach dem Telefon.
Ich wähle blind.
Denn die Zahlen sind so klein:
112!!!

Der Notarzt ist schnell da.
Er beugt sich über Paul.

Ich sehe nicht hin.
Ich will das nicht sehen.
Ich will nicht sehen, was jetzt passiert.

Der Arzt kommt zu mir.
Ich sehe sein Gesicht.
Verschwommen.
Wie im Nebel.

Alles verschwimmt.
Die weiße Bett-Decke von Paul.
Die weiße Jacke von dem Arzt.
Meine weißen Hände.

„Ihr Mann ist verstorben", sagt der Arzt.
Ein natürlicher Tod.
Mein Beileid für Sie."

Der Arzt nimmt meine eiskalte Hand.

## Die Siedlung

Paul war nie mein Mann.
Aber das ist nicht wichtig.

Paul ist tot.
Paul hat mir so sehr geholfen in meinem Leben.
Wir waren Freunde.
Lebens-Gefährten.
Zwei, die sich aneinander festhalten konnten.

Paul brauchte mich.
Weil er nicht alleine sein wollte.
Ich brauchte Paul.
Weil ich weglaufen wollte.
Vor mir selbst und vor meinem Schicksal.

Wir waren glücklich auf unsere Art.
Wie in einem Film.
Wie in einem Film, in dem jeder seine Rolle so gut wie möglich spielt.
Wir haben uns beide in diesem Film ein bisschen wie zu Hause gefühlt.

Jetzt muss ich sehen, wie es weitergeht.
In meiner Solo-Rolle.
Ohne Paul.

Ein paar Tage später teilt mir der Anwalt mit:
Paul hat sein Haus und seinen Besitz an mich vererbt.
Als der Anwalt mir das sagt, fühle ich mich schwer wie Blei.

Ich bin Paul dankbar.
Natürlich.
Aber was ist das Haus ohne ihn?
Was ist diese Siedlung ohne Paul?

Ich stehe am Fenster.
Ich sehe auf die Straße.

Ein Nachbar fegt Laub.
Jedes einzelne Blatt fegt er auf das Kehr-Blech.
Der Weg vor seinem Haus ist sauber.
Er bringt den Besen und das Kehr-Blech weg.
Dann kommt er wieder vor sein Haus.

Er sieht auf einen Busch vor seinem Haus.
Der Mann sieht besorgt aus.
Er zupft ein Blatt von dem Busch.
Dann zupft er das nächste Blatt ab.
Die Blätter sind noch rot.
Aber der Mann hat Angst, dass sie braun werden.
Er hat Angst, dass die Blätter auf die Erde fallen.
Vor seinem Haus.

Ein anderer Nachbar guckt in seine Müll-Tonne.
Alle Müll-Tonnen stehen am Straßen-Rand.
Denn heute ist Müll-Abfuhr.
Heute werden die Tonnen geleert.

Man weiß nie, wann die Müll-Abfuhr kommt.
Das macht die Nachbarn nervös.
Denn die Tonnen am Straßen-Rand sind nicht schön.
Die Nachbarn schämen sich für ihren Müll.
Und für die Tonnen.
Und sie sorgen sich,
dass einer seinen Müll in fremde Tonnen wirft.

Am Tag der Müll-Abfuhr,
da sehe ich alle Nachbarn auf der Straße.
Einen nach dem anderen.

Wenn die Nachbarn sich auf der Straße begegnen,
dann grüßen sie sich.
Dann sprechen sie das eine oder andere Wort.
Aber nie geht einer in das Haus von dem anderen.
Und sie sprechen nur ganz kurz miteinander.
Mit Abstand.
Von Grund-Stück zu Grund-Stück.

Und ich stehe am Fenster.
Noch weiter weg.

Mit Paul war es leichter.
Mit Paul habe ich das alles nicht so sehr bemerkt.
Vor allem nicht meine Einsamkeit.

# Die Anzeige

Am Abend fahre ich den Computer hoch.
Keine Nachricht von Laura.
Dabei weiß sie doch, was vorgefallen ist.
Sie weiß doch, dass es für mich schwer ist.
Ohne Paul.

Laura hat sonst immer gemailt.
Sie hat mich immer getröstet.
Aber jetzt?
Gerade jetzt brauche ich sie.

Ich wähle ihre Nummer.
Keine Verbindung.

Ich sehe noch einmal im Post-Eingang nach.
Eine einzige E-Mail ist eingegangen.
Wahrscheinlich Werbung.
Auf Italienisch.
*Stichwort: Castelone.*

Ich sehe genauer hin.
Es ist doch keine Werbung!
Es handelt sich um eine Stellen-Anzeige:

*Das Tourismus-Büro Castelone sucht eine neue Mitarbeiterin/einen neuen Mitarbeiter.*

*Wir erwarten:*
- *Gute Sprach-Kenntnisse in Italienisch und Deutsch*
- *Erfahrungen in Kunden-Beratung*

Ich werde nervös.
Ich lese weiter:

- *Erfahrungen an einem PC-Arbeits-Platz*
- *Sehr gute Kenntnis der Tourismus-Region Castelone*

Mein Herz schlägt schnell.
Ich hole Luft. Ich bin aufgeregt.

Und ich bin so enttäuscht.
Weil ich hier bin!
1400 Kilometer weit weg!

Durch mein Dorf und die Umgebung könnte ich blind gehen!
Und weiß doch, wo alles ist.
Ich zucke zusammen.
Bei dem Wort *blind*.

Ich lese weiter:

*Darüber hinaus erwarten wir:*
*Leidenschaft für das Meer*

„Die habe ich!“, rufe ich laut in mein Zimmer.
Aber wer sollte das hören?

Ich reiße mich zusammen und lese weiter:

*Wir bieten:*

- *Gutes Arbeits-Klima*
- *Nette Kollegen*
- *Einen Lohn, der nicht zu schlecht ist*

So schreibt man das doch nicht, sage ich zu mir.
Was ist denn das für eine Stellen-Anzeige?
Ich lese weiter:

*Darüber hinaus bieten wir:*

- *PC-Arbeits-Platz für Menschen mit Behinderungen*
- *Meeres-Rauschen*
- *Platz für Träume*
- *Freunde, die auf dich warten.*

*Rosa, wir wollen dich!*

Ich bin bestürzt.
Ich kann das nicht fassen.
Ist das eine Verarschung?
Was soll denn das?
So was gibt es nicht.
Nicht im echten Leben.

Aber was ist das echte Leben?
Rot lackierte Fußnägel?
Goldene Sandaletten?
Ein Unfall?
Warme Hände auf den Brüsten?
Freundschaft?
Liebe?
Eine Siedlung?
Ein Mittel-Klasse-Wagen?
Ein eigenes Haus?
Der Tod?

Was ist echt?
Was ist die Wirklichkeit?
Das, was du siehst mit deinen Augen?
Das, was du hörst?
Das, was du fühlst?
Das, was du denkst?
Das, was du träumst?
Das, was du willst?

Ich will.
Ich will.
Ich will.

Das schreibe ich an Laura.
Nichts sonst.

Eine Minute später ruft sie mich an.
Wir telefonieren die halbe Nacht hindurch.

Sie haben die Stelle wirklich für mich vorgesehen.

# Castelone

Der Anwalt von Paul hat mir sehr geholfen.
Das Haus hätte ich nicht alleine verkaufen können.

Ich bin nicht traurig.
Wegen dem Haus.
Das Haus war nur wichtig wegen Paul.
Ich bin eher erleichtert.
Weil ich weg kann aus der Siedlung.

Es ist mir sogar ein richtiges Vergnügen, als ich mit meinem Koffer über die Straße zum Taxi gehe.

Ich denke an die Worte von Paul:
„Die stehen jetzt alle hinter den Gardinen.
Weil du so schön bist."
Ach, Paul!

Jetzt fragen sich wohl alle,
wohin ich gehe.

Laura wird mich am Bahnhof abholen.
Das haben wir so vereinbart.

Ich könnte platzen vor Freude.
Und vor Anspannung.

Mein Blut-Druck ist hoch.
Der Puls geht schnell.
Das ist nicht gut für meine Augen.

Ich versuche, mich zu beruhigen.
Aber leicht ist das nicht.
Diese Mischung aus Freude und Sorge.

Der Zug fährt los:

Hannover
München
Florenz
Siena
Grosseto

Seit fast 20 Stunden sitze ich im Zug.
20 Stunden, in denen ich nicht weiß:
Will ich schnell oder will ich langsam ankommen?

Von Grosseto aus fahre ich noch eine halbe Stunde.
Jetzt erkenne ich jede Pinie.
Jedes Haus, jede Bar.
Da vorne, da ist der Camping-Platz.
Da hinten die blaue Villa.
Gleich kommt der Bahnhof. Meine End-Station.
Laura! Laura!
Wie sehr freue ich mich auf dich!

Bei den Stufen vom Zug lasse ich mir helfen.
Wegen meinem Bein.
Und wegen der Augen.
Ich habe keine Lust,
mit dem Koffer in den Abgrund zu stürzen.

Ich schäme mich nicht mehr,
um Hilfe zu fragen.
Schon lange nicht mehr.
Mit Hilfe ist das Leben einfacher.
Für alle Menschen.
Auch für die ohne Behinderung.

„Grazie! Danke!“,
sage ich zu dem Mann,
der mir seinen Arm gereicht hat.
Ich lächele ihn an.
Er lächelt mich an.

Auf dem Bahn-Steig stelle ich meinen Koffer ab.
Ich suche nach Laura.

Hier riecht es nach Kaffee.
Nach italienischem Kaffee.
Nach starkem, würzigem Espresso.
So, wie ich ihn liebe.
So, wie ich ihn immer geliebt habe.
Ich gehe zum Kiosk.

„Rosa! Hallo Rosa!"

Ich drehe mich um.

Das ist nicht Laura.
Aber Laura steckt dahinter.
Bestimmt!

Ich sehe ihn an.
Ich erkenne ihn sofort.
Nach all den Jahren.
Er ist älter geworden.
Ich auch.
Er ist krummer.
Ich nicht.
Er humpelt ein wenig.
Nicht so viel wie ich.
Er ist grau.
Ich habe meine Haare gefärbt.
Er trägt seinen Schal.
Den blauen, den ich kenne.

Ich habe ihn sofort erkannt.
Obwohl ich sein Gesicht nicht wirklich sehe.
Nicht von hier aus.
Nicht ohne meine Brille.

Und doch habe ich ihn sofort erkannt.

Seine Stimme.
Seinen Gang.

Ich suche nach meiner Brille.
Aber ich brauche sie nicht.
Ich weiß, wie er riecht.
Ich rieche ihn.

Ich weiß, wie er sich anfühlt.
Wir fühlen uns an.
Wir betasten uns.
Wir zwei Alten.
Er umarmt mich.
Und ich ihn.
Und wir spüren:
So ist es gut.

# Sehen

Ich weiß nicht, wie lange das alles schon her ist.
Wie wirklich ist denn auch die Zeit?
Wenn etwas Schlimmes passiert, ist die Zeit ganz lang.
Wenn etwas Schönes passiert, ist die Zeit ganz kurz.
Wenn man jung ist, ist die Zeit ganz viel.
Wenn man alt ist, ist die Zeit ganz wenig.

Beppo und ich denken nicht an die Zeit.
Wir sitzen auf unserer Bank.
Auf unserer Bank am Meer.
Wie jeden Abend.

„Beppo“, sage ich.
„Welche Farbe hat das Meer heute?“

„Siehst du es denn nicht?“

„Doch, ja“, sage ich.
„Ich fühle es.
Ich rieche es.
Ich höre es.
Es ist rosa.
Heute ist es rosa.
Unser Meer.“

# Über Marion Döbert

Marion Döbert wird 1956 in Essen geboren.
Sie studiert an der Universität in Siegen.
Dort macht sie ihr Diplom in Erziehungs-Wissenschaften.
Und arbeitet dann drei Jahre an der Universität.
Danach unterrichtet sie an der Volks-Hochschule in Bielefeld Erwachsene im Lesen und Schreiben.
Sie wird dort Fachbereichs-Leiterin für Alphabetisierung und Gesundheit.

Mit anderen zusammen gründet sie den Bundesverband für Alphabetisierung und Grundbildung e.V.
Der Verband setzt sich für die Interessen von Menschen ein, die Probleme mit dem Lesen und Schreiben haben.

Marion Döbert ist über zehn Jahre im Vorstand des Vereins.
Sie hält Vorträge und schreibt für Bücher und Zeitschriften.
Sie spricht in Radio- und Fernseh-Sendungen.

Für ihren Einsatz erhält Marion Döbert 2003 das Bundes-Verdienst-Kreuz am Bande.

2011 wird sie zur Botschafterin für Alphabetisierung und Grundbildung ausgezeichnet.

Seit 2013 ist Marion Döbert Autorin beim Spaß am Lesen Verlag.
Für den Verlag schreibt sie bekannte Bücher, Filme und Dreh-Bücher um in Einfache Sprache.
*Rosa Meer* ist ihr eigener Roman in Einfacher Sprache.